EXPEDIÇÃO: NEBULOSA

MARÍLIA GARCIA

Expedição: nebulosa

Copyright © 2023 by Marília Garcia

Grafia atualizada segundo o Acordo Ortográfico da Língua Portuguesa de 1990, que entrou em vigor no Brasil em 2009.

Capa
Kiko Farkas/ Máquina Estúdio

Preparação
Cristina Yamazaki

Revisão
Marina Nogueira
Erika Nogueira Vieira

Dados Internacionais de Catalogação na Publicação (CIP)
(Câmara Brasileira do Livro, SP, Brasil)

Garcia, Marília
　Expedição: nebulosa / Marília Garcia. — 1ª ed. — São Paulo : Companhia das Letras, 2023.

　ISBN 978-65-5921-359-7

　1. Poesia brasileira I. Título.

23-141810　　　　　　　　　　　　　　　　CDD-B869.1

Índice para catálogo sistemático:
1. Poesia : Literatura brasileira B869.1

Eliete Marques da Silva – Bibliotecária – CRB-8/9380

Todos os direitos desta edição reservados à
EDITORA SCHWARCZ S.A.
Rua Bandeira Paulista, 702, cj. 32
04532-002 — São Paulo — SP
Telefone: (11) 3707-3500
www.companhiadasletras.com.br
www.blogdacompanhia.com.br
facebook.com/companhiadasletras
instagram.com/companhiadasletras
twitter.com/cialetras

Sumário

DIAS CONTADOS
história natural, 9
paisagem com futuro dentro, 10
canção da linha, 13
praia dos ingleses, 17
expedição nebulosa, 24
tudo veio para partir, 26
gêmeos irlandeses, 28
assim se diz está chovendo, 31
os meus amigos são um barato, 33

EXPEDIÇÃO: NEBULOSA (10 *atos* + *diálogo*)

HISTÓRIA NATURAL
frère jacques, 59
quando estava perdida, io encontrou uma aranha, 61
escreve um poema pros adultos (*ópera das girafas*), 62
still life, 64
nave-mãe, 66
ocean 1212W, 69
dias contados, 73
perder o chão, 76
arquivos cardiográficos, 78

ENTÃO DESCEMOS PARA O CENTRO DA TERRA

P.S.

DIAS CONTADOS

história natural

sempre disseram
que eu tinha os olhos
do meu pai

cabelo estatura
queixo caligrafia
— cada coisa de uma tia

os gestos   da minha mãe
hoje olho minha filha
e só consigo ver
ela própria:
              rosa é uma rosa. é uma rosa
é uma rosa

penso num poema do cacaso
e na américa latina do futuro
que um dia ele quis imaginar

olho para a minha filha
e juntas olhamos para
esta américa latina
do futuro

estamos num túnel de fumaça
e não consigo ver o que aconteceu

paisagem com futuro dentro

todo dia a paisagem é a mesma
mas a cada vez que olho ganha
nova camada

fecho os olhos e agora é paisagem na
memória   superfícies
sobrepostas

buscar nessas camadas
um detalhe que venha do futuro
um grão de estrela pairando ali
discreto   no ar
uma pequena diferença que mostre
o que está a caminho

ler a paisagem com o futuro dentro
fazer o futuro entrar na linguagem
e me dizer o que não vejo

o chumaço no alto da copa das árvores
por cima o farrapo de nuvem
parece uma nebulosa
ao fundo uma pessoa se deslocando
no mesmo ritmo   um pequeno pacote
na mão

　　　　agora aperta o passo
abre o guarda-chuva　　o pacote debaixo do braço
vai com pressa　　　alguma coisa no ar
uma partícula de poeira　　　　um cisco
no olho do poema vai me dizer
o que fazer

*

"isso é uma ampola
ou só resto de areia?"
ela pergunta

"por que
você não escreve com
emoção?"
e me oferece uma cadeira para sentar

eu chamo isso de espaço

*

neste poema
há um personagem
que aparece em todos os
poemas:
　　　　o tempo

às vezes quase ninguém
nota sua presença

ele fica discreto
no fundo da sala ou
então é um minúsculo
pontinho ao longe atravessando
a paisagem

mas de repente
percebemos no ritmo das
coisas uma espécie de
vaivém de onda guiando
o pensamento
e pronto:
        sabemos que é
ele
o tempo
passando enquanto
seguimos cada palavra
ao descer os degraus
dos versos

você que vai lendo
de mãos dadas comigo
confiando
que vamos parar
no fim da
linha

canção da linha

num poema o corte
pode ser só
respiro   como às vezes
o salto serve para
seguir

eu me levanto e começo a
falar   você se vira
e liga a cafeteira

um estrondo
é como termina
— você disse *rima*? —
as palavras suspensas
debaixo do som

assim são as coisas
você tenta seguir a linha mas
o corte
        a pausa

por que você não escreve com
emoção?
            alguém pergunta
e eu amarro a pergunta

na ponta desse poema
deixo tombar até o fundo
do mar

meu coração ficou
ancorado
no mapa de uma cidade
antiga   mapa de linhas
esmaecidas

aqui o poema *para* porque está sem
ar
       tenta encontrar uma resposta
mas a âncora vai
descendo
tudo fica muito
escuro
— *aqui já dá para fechar*
os olhos

ao caminhar
deter os passos para poder continuar
um dia ia pela rua do
sim
       mas chegou a hora do *não*
corto a rota e olho
pra cima
       — você viu o avião?
já passou   mas vai voltar adiante

agora preciso conter
o movimento da água:
uma lágrima escorre pelo rosto   segurar
a gota ou um volume de água
tão grande que encherá
todo o cômodo
num instante

a *mãe* avança pela água
quero dizer
a *mão* avança pela água
e a outra segura o fluxo
então é preciso trocar de pista: saltar uma linha

pular uma etapa

agora de novo
a linha se corta
— tudo veio para partir —
e a respiração desiste
o pulso parou
foi o que disseram

diante da janela
            ele é alto e verde
fincado num terreno de pedras
pinho pinheiro
parece parado
mas se olho bem sinto um leve tremor

metros de árvore tombando pro
lado   é assim que o mundo
acaba:
bang

entendo
que chegou o fim
o que deve sobrar é a cor

praia dos ingleses

estamos sentados
debaixo do sol
acabamos de chegar
aqui e eu penso que
de tão seco isso parece
o deserto   de tanto sol
mal posso abrir
os olhos

sentamos de frente para a água
estou de olhos fechados
e você me diz que lembra do modo
como ele olhava o mar
na última tarde antes do
salto:
      com o pé na beirada
antes de cair
esse país é feito de água
você diz
      nós
estamos de frente
para o mar
e você pergunta
como eu faço para não cair
estou de olhos fechados
e lembro de uma cena
que começa assim:

parte 1: o arrastão

vou à praia ver um arrastão
com a minha avó
lembro que era cedo e lembro que a luz naquele dia
era luz de quando é cedo
estamos na praia e sobre a faixa de areia
uma enorme rede vai sendo arrastada pelos pescadores
uma rede tão grande que precisa de vários homens
todos puxando ao mesmo tempo
e no meio da rede uma quantidade abissal
de seres marinhos sendo arrastados
todos misturados formando uma mancha cinzenta

não sei se quando lembramos das cores
estamos inventando ou se são cores mesmo
— qual a cor da sua roupa
no dia do salto dele
você pergunta   *lembra?*
— não
mas no dia do arrastão
havia centenas de
seres marinhos   ou frutos do mar
todos enroscados na rede
e lembro do cheiro de maresia e peixe e do chapéu de sol
da minha avó e de um monte de pescadores falando algo
sobre os frutos do mar
                — e por que são *frutos* do mar
se eles se mexem e não têm raízes?
talvez essa tenha sido

uma pergunta que fizeram naquele dia
não os pescadores   talvez alguém
tenha se perguntado
pensando bem todos os seres
têm raízes *mas outro tipo de raízes*
não sei se pensei nisso no dia
na memória restam apenas
os seres marinhos sendo arrastados
o cheiro de maresia
a minha avó com um chapéu
de sol e talvez um peixe-martelo

em plano contínuo
lembro de outra cena
estou de novo na praia para ver um arrastão
mas desta vez minha avó não está
tem um monte de gente
e tem uma menina de bicicleta

parte 2: a menina da bicicleta

não consigo lembrar o nome da menina
só o rosto a pele queimada de sol
o cabelo escorrido
até o ombro

a bicicleta é grande demais para o tamanho da menina
devia ser do irmão   e ela precisa
descer da bicicleta para encostar o pé no chão

e ela desce e larga a bicicleta
e pega uma arraia que estava enroscada
numa das pontas da rede
      faz muito sol dessa vez
porque não enxergo direito a cena
estamos na praia   é um pouco desértico como agora
o sol sobre a cabeça
ofusca o resto
e eu fecho os olhos
para ver melhor
lá está a menina da bicicleta pegando a arraia
guardando a arraia na cesta da bicicleta
e pedalando com a arraia na cesta
todas as crianças vão caminhando atrás dela
e ela nos leva a um lugar ermo
onde acaba a estrada

a bicicleta é grande demais e a menina
desce e larga a bicicleta e pega a arraia na cesta
e põe a arraia no chão:
a arraia sobre o asfalto quente
a arraia ainda viva
mas ninguém sabia dizer se ela estava mesmo viva
o que faria uma arraia sobre o asfalto
se estivesse viva?

você me diz
que não sabe por que
mas essa história faz lembrar de um encontro recente
com um amigo no bar sabiá

parte 3: no bar sabiá

o amigo conta de um lugar onde gostava de ir
comer *escargots* importados da frança
    — como se chamava o lugar? — la tartine —
mas na última vez em que tinha ido lá
não estavam mais servindo caracóis franceses
porque sua importação tinha sido proibida no brasil
no seu lugar agora serviam *rãs*
trazidas de mogi das cruzes

no dia seguinte
fomos com esse amigo ao mercado municipal
e eu vi na geladeira
não uma *rã mogiana*
mas um polvo gigantesco
com os tentáculos dobrados no meio do gelo
os tentáculos encostando no vidro
a cabeça redonda e curva
curva curva curva
os tentáculos esmagados contra o vidro
na mesma hora me veio à memória a cena da arraia
o sol queimando sobre a cabeça
a arraia no asfalto
quanto tempo viveria uma arraia
sobre o asfalto quente?

parte 4: a arraia no asfalto

ninguém dizia nada naquele dia
não dava para saber se a arraia estava mesmo viva
mas lembro de achar que
estava e lembro de todo mundo olhando em silêncio
todo mundo em volta
vendo uma arraia pela primeira vez
uma arraia de tamanho médio
mancha cinzenta no chão

todo mundo ficou pensativo até que
a menina subiu na bicicleta de novo
e passou de bicicleta por cima da arraia

no momento em que a roda girou
alguma coisa espirrou de dentro da arraia
tinha um buraco tinha uma espécie de furo debaixo dela
e quando a gente olhou
a menina passou de novo de bicicleta sobre a arraia
e quando a gente olhou de novo
várias pequenas arraias
estavam saindo de dentro da arraia maior envoltas
em um líquido amarelo e se espalhando sobre
o asfalto   a menina seguia passando
de bicicleta de um lado para o outro   a menina
da bicicleta espalhando
as pequenas arraias pelo asfalto
não me lembro do nome da menina

só lembro do seu rosto e da
bicicleta
que era grande demais para o tamanho dela
foi lá na praia dos ingleses
em florianópolis
deve ter sido em 1990

expedição nebulosa

as linhas verticais no quadrado
da janela   *dójd idiot dójd* assim se diz está
chovendo   o verso anda sempre na
horizontal mas quando troca de
linha o movimento é
diagonal
            assim se diz está
chovendo   ele dizia puxando as
linhas ao abrir a janela:
a chuva na diagonal agora respinga
pra dentro e cada coisa contém
a própria história:
chuveiro   arraia   uma
expedição nebulosa

agora lê na mandíbula dela
o que está faltando   lê nas
formas arredondadas a geometria
do mundo: uma tempestade
num copo d'água

                e ele?
vivia debaixo do céu   arraia se
arrastando   e percorria
as cartas que podia
ter escrito:

1. "te procurei pelo cabelo, mas estava muito cheio"
2. "era algo parecido com a solução final"
3. "escrevo pois me mudo em breve"

tudo veio para partir

a chuva também é processo
diz do alto do terraço quase tocando
no céu e aos poucos vai embora sem
se despedir
depois de um   dois dias
não está mais aqui

a memória entra
pelos olhos

será que lembro dela ou
da foto? as coisas se misturam
um pouco   a mão congelada
o gesto   a cabeça projetada pra frente

o calor da imagem vem de antes
as palavras coladas no que o olho vê
a memória entra pela fina
película e passa
pela tela de dentro

tudo veio para partir
um caule   um abraço   ajeita
o xale na hora de ir

pelos meus olhos
aquilo que queima
e permanece

gêmeos irlandeses

a clarice lispector
se parece com a regina
spektor
e o bob dylan
é um tanto
rimbaud

mas
tudo depende
de onde está o olho
de quem vê

marcel duchamp disse que na obra
nu descendo a escada
o movimento não estava no quadro
mas no olhar do espectador

tanta coisa depende
desta xícara vermelha
esmaltada sobre a mesa
enquanto digito
uma xícara vermelho-sangue
fumegando de chá
que lembra uma fala turva de tanto vermelho:
uma "fala vermelha" é uma "fala tensa"

ismênia para antígona:
aconteceu alguma coisa?
você tem sangue nos olhos

uma xícara de chá é só
uma xícara de chá
mas uma fala
pode ser avermelhada

um poema pode ser
gêmeo irlandês
de outro poema
por exemplo
você decide escrever
um poema
sobre a "cidade das abelhas"
mas se depara com outro
sobre uma "caixa
de abelhas"

tanta coisa depende
das abelhas   a importância delas
para a vida do planeta
era o que deveria estar
naquele poema não escrito
tudo o que era preciso dizer
sobre abelhas
mas de repente
só é possível
descrever uma caixa vermelha

trancada a sete chaves
que pode estar cheia de abelhas
dentro   cheia de abelhas mortas e
vivas

a teoria do gato de
schrödinger diz que um gato
encerrado em uma caixa
está vivo e morto
ao mesmo tempo
porque não temos como abrir
a caixa para verificar
sem interferir na situação real
do gato

como naquele poema
do trem que esconde outro
trem   um gêmeo irlandês
pode acabar eclipsando
o outro

tanta coisa depende
de uma caixa vermelha
fechada
contendo abelhas
gatos ou galinhas

assim se diz está chovendo

enquanto aponto
o lápis
      fecho os olhos
e abro a janela do poema — para que entrem
todos os insetos

mas está chovendo
as gotas respingam   e molham o chão
uma imensa tempestade cobre a paisagem
eu abro os olhos   pego um livro
na estante e
vejo

é um dia de verão
sylvia plath está sentada
diante da janela vendo a chuva que cai
é dia 1º de julho
está quente úmido fumegante
e chove torrencialmente

ela pega uma caneta sem tirar os olhos
do molhado   está tentada a escrever um
poema

ela apoia a caneta no papel
e anota: nunca esquecer
da carta de recusa que um dia recebi
contendo três linhas

  "após o aguaceiro
poemas intitulados *chuva*
inundam o país inteiro"

os meus amigos são um barato

para Isabel Diegues

este é o nome de um disco da nara leão
eu fico aqui ouvindo cada música
enquanto penso nos
meus amigos

eu queria poder estar
com os meus amigos

por isso pedi a cada um
que me mandasse uma foto
de algum objeto que fosse importante para eles
nesse momento

*

uma sacola de compras de tecido
do "festival porão do rock":

ela enfrenta o mundo comigo
diz ele   *quando vou buscar comida*

(o meu amigo ainda vai
buscar comida)

*

uma mesa de madeira
que chegou um dia antes de tudo começar
coloquei na frente da janela
e fico debruçado nela vendo o dia
passar

*

1. chupeta: para a minha filha olívia

2. abridor de vinho: para o carménère

3. faca: para a maçã verde

*

minha amiga disse que ia mandar uma foto da rede
mas bem na hora o celular escorregou da mão:
a tela se espatifou

ela mandou um e-mail do computador
contando o que tinha acontecido
e disse
*meu objeto é este: imagine uma rede
e agora o celular espatifado*

*

caixas de som de madeira
estavam quebradas na sala
sem uso   servindo de apoio
foram compradas nos anos 70
de um alemão que estava voltando
para casa

    família vende tudo

consertamos as caixas essa semana
e agora ouvimos música

*

colchonete
aparelho de ginástica
botão *on-off*
um livro aberto com um parágrafo sublinhado:

"Como sempre na vida, nos acostumamos às situações
mais adversas. Em meio ao caos, dormia melhor quando
ele vinha. Passeávamos só os dois ou com as crianças."

*

dedico aos meus amigos
esse breve inventário
de objetos

mandei para eles
uma foto do disco da nara leão
junto com um link do youtube
para ouvir a faixa 4 do disco:
https://bit.ly/nara-leao

ela vem de muito muito longe   e segue
em frente   persistente
destemida e forte

EXPEDIÇÃO: NEBULOSA
(*10 atos + diálogo*)

primeiro
alguém indica que posso começar
o leitor já está aqui
e quando estiver lendo estas
palavras
estaremos juntos no
mesmo espaço

    quanto tempo dura o presente?

foi a pergunta que meus dedos fizeram
quando comecei a escrever
este texto

estava à procura de
uma frase para começar   uma frase ou
um pedaço de som   um ritmo que viesse
como uma onda já em movimento
na qual pudesse mergulhar
e seguir adiante deslizando
deslizando
        foi quando ouvi essa pergunta
que não saiu mais
do *repeat*

quanto tempo dura o presente?

repiso a pergunta para dar o próximo
passo
escrevi este texto para uma versão ao vivo
da revista
serrote
mas queria começar falando de uma *serra*
aliás de *um* serra
o *richard serra*

[*ato 1*]

esta expedição começou
em janeiro de 2019
e partiu de uma cena que vi
no café do instituto moreira salles de são paulo
eu estava sentada lá
quando surgiu
no vão que dá para os fundos do instituto
a ponta de um enorme guindaste

imaginem uma grua do tipo
que encontramos a cada
esquina em são paulo
como a que está agora diante
do meu prédio

a grua que vi naquele dia
estava içando duas placas de aço imensas

para em seguida fincá-las no chão
elas formam a obra *echo*
de richard serra

começo com esta imagem:
duas peças verticais de 18 metros de altura
estão ancoradas no chão
e podem ser vistas olhando de baixo
ou de cima

        imaginem que isto aqui é um navio
        se olho para fora
        a sensação é de um leve movimento

pode parecer que estamos parados
as mãos sobre o papel
os pés tocando o chão

pode parecer que estamos
ancorados no mesmo ponto
mas avançamos aos poucos   alguma
coisa vai nos puxando   uma palavra
depois da outra   *seria possível acompanhar
o pensamento
se desdobrando?* ela pergunta
e eu penso que tudo vai
na realidade pouco a pouco
desmoronando
mas
tento firmar os pés no chão

imaginem que isto aqui é um mapa
que não sei aonde vai dar

[*ato 2*]

certa vez
o haroldo de campos disse
que *são paulo era uma cidade-palimpsesto*

sempre fiquei com essa imagem na cabeça
projetando uma cidade feita
de camadas:
        seria possível pensar em mapas sobrepostos?

ele dizia que era uma cidade que
destruía para construir por cima dos escombros
por isso havia diversas camadas de tempo se sobrepondo
e nesse gesto se apagando

são paulo também é cheia de gruas:
prédios demolidos
prédios se erguendo
estacas afundando
no chão

o poeta jacques roubaud
que foi amigo de haroldo
tem um livro chamado

*a forma da cidade muda mais rápido, hélas,
do que o coração dos homens*

verso citado de baudelaire:

"a forma da cidade
muda mais rápido, *hélas*,
do que o coração de um mortal"

[*ato 3*]

quando fui morar em são paulo
passei a conviver com a ideia da
cidade-palimpsesto
mas ela se transformou em outra coisa

desde que cheguei
me acontece em alguns pontos da cidade
de achar que estou no rio de janeiro

a sensação se repete
em alguns lugares:

estou num ponto específico de são paulo
mas é como se estivesse num ponto específico do rio
a sensação tem mais relação com
o *deslocamento pelo espaço* do que com
a *paisagem em si*

ou seja   relaciona-se mais com a

    passagem
    do que com a
    paisagem

imaginem que os mapas estão sobrepostos
e estou nos dois lugares ao mesmo tempo

é um ponto nebuloso:
onde os espaços se sobrepõem sem se apagar
não se trata de uma sucessão
mas de uma simultaneidade

    [*quanto tempo dura o presente?*]

para citar um exemplo
desço a rua maria figueiredo (no paraíso) em sp
e sinto que estou descendo a rua hermenegildo de barros
(em santa teresa) no rio
a sensação é de que lá embaixo
mais ou menos onde fica o parque ibirapuera
estará o mar

isso sempre acontece no mesmo trecho da rua
nas primeiras vezes
eu ficava confusa —
e parava para ver onde estava
para olhar de frente e ter certeza

eu via que na verdade não havia nada de parecido
a não ser o deslocamento espacial pela ladeira
um deslocamento diagonal

tenho outros exemplos:
estou descendo o viaduto que dá no bixiga em sp
e de repente estou chegando
à praça santo cristo no rio

ao caminhar pela rua oscar porto no paraíso
aparece um pedaço de prédio ao fundo
no que resta de céu: aquele pedaço
de prédio   visto de relance   para mim é a uerj

a esquina tripla da
rua tutoia com a rafael de barros e alcino braga
é a esquina da
rua alice com a mario portela e rua das laranjeiras

poderia seguir enumerando
esses pontos pois são frequentes
e isso tudo acontece apenas distraidamente

se me fixo na *paisagem*

        [*paisagem: pedaço de país que a vista alcança*]

sei que não há qualquer semelhança

o rio ausente
se torna presente

apenas distraidamente
numa sobreposição
não cartográfica de mapas

se tento ver o rio
nesses pontos ou noutros
ele escapa
some

afunda

[*ato 4*]

"quanto tempo dura o presente?"
foi a pergunta que fez o david antin
num de seus *talk poems*

quando se apresentava
em vez de ler poemas já prontos
ele simplesmente falava
falava livre   falava num fluxo:
fazia digressões e perguntas
contava histórias
passava por vários assuntos
percorrendo as palavras

nos *talk poems*
antin parecia pensar ao vivo
ele gravava as falas

depois transcrevia
e só aí elas iam parar
nos livros   na forma escrita

antin dizia que
nos debates sobre poesia
as pessoas questionavam se o poema
era inerentemente oral   feito na boca
ou se ele assumia sua forma no papel

ele dizia que preferia compor os poemas *falando*
em vez de escrevendo
não porque acreditasse na oralidade do poema
mas porque a fala para ele estaria situada no
presente
enquanto a escrita estaria sempre no passado
antin dizia que quando lia um texto pronto
não conseguia trazê-lo para o presente

                para estar no presente
                ele precisa do improviso

[*ato 5*]

um dia fui ver a escultura *echo*
do richard serra
já instalada
ela fica no quintal do prédio do ims em são paulo
de algum modo escondida
da reta de arranha-céus que é a av. paulista

ao olhar a obra de baixo pra cima
vemos as quinas dela contra o pedaço que resta de céu
ao olhar a obra de cima pra baixo
ela está ancorada

estava chovendo naquele dia
e com a chuva *echo* parecia ainda mais vertical

ao olhar a av. paulista de cima
vi esta cena:
um equilibrista na corda bamba
em cima do vão do túnel
e um homem dançando com um guarda-chuva
na parte de baixo do vão
dando a ilusão de estar também na corda bamba
espaços sobrepostos num único ponto

       [*quanto tempo dura o presente?*]

olho de novo as duas peças de richard serra:
são quase paralelas
mas como diz o nome
trata-se de um *eco*

apesar de iguais   não têm a mesma angulação
apesar de iguais   são diferentes

[*ato 6*]

contam na mitologia
que a ninfa eco teria se apaixonado por narciso

antes disso
eco tinha sido condenada
a só falar quando lhe perguntassem alguma coisa
e responder sempre repetindo as últimas palavras
ditas pelo outro
quando ela se apaixona por narciso
não pode tomar a iniciativa da fala
e por isso fica só à espreita contemplando o amado
um dia   ele sente a presença de eco
e o seguinte diálogo acontece:

Narciso	**Eco**
Tem alguém aqui?	Aqui.
Vem cá!	Vem cá.
Não fuja, vamos ficar juntos.	Ficar juntos.

nesse momento   eco se aproxima dele
mas narciso se afasta

Narciso	**Eco**
Prefiro morrer mas não me entrego a você.	Me entrego a você.

[*ato 7*]

ao ver *echo* de richard serra
lembrei de outro trabalho dele
equal-parallel: guernica-bengasi

como diz o nome
não é um eco
mas algo que se pretende *igual* e *paralelo*
a obra   feita para o museu reina sofía em madri
nos anos 1980
é formada por quatro peças que pesam 38 toneladas
e trata-se de um diálogo com a tela *guernica* de picasso
que está no mesmo museu
ela sugere que o ataque aéreo a civis em guernica
em 1937
teria um paralelo com um ataque na líbia   em 1986

mas o curioso dessa obra de 38 toneladas
foi que ela desapareceu

desde os anos 1990
estava guardada sem ser exposta
em 2006
o museu pediu a obra à empresa
que cuidava do armazenamento
mas ela não estava mais lá

equal-parallel   de 38 toneladas
tinha desaparecido

teve início uma investigação
mas nunca descobriram o que houve
a obra teria sido vendida roubada fundida?
o custo para deslocar as peças
não compensava nenhuma dessas ações
também surgiu a suspeita de que
teriam enterrado a escultura
ou de que as peças teriam
afundado
mas escavaram o chão do lugar
onde as peças ficavam   usaram
detectores de metal
e nada foi encontrado
igual-paralelo desapareceu
sem deixar pistas

depois fizeram uma réplica
da escultura para colocar no museu
a obra original tinha sumido
a nova era *igual* à primeira
mas diferente
pois trazia essa história *paralela*

[*ato 8*]

logo que mudei para são paulo
o elevado da perimetral no rio
foi demolido

ah haroldo
o rio também é uma cidade-
                    -palimpsesto

talvez as camadas de baixo estejam
mais aparentes mas é uma cidade
em perpétua ruína sempre construindo
sobre escombros
essa contínua rima

depois da demolição do elevado da perimetral
seis vigas de aço que pesavam 110 toneladas
desapareceram

teve início uma investigação
até hoje sem saída

[*ato 9*]

na época em que me mudei do rio
para são paulo
o victor heringer
que também morava no rio
foi morar em são paulo

um dia ele contou de um projeto que queria fazer
a partir dos mapas das duas cidades

ele pegaria o mapa do rio
e colocaria em cima do mapa de são paulo
ele tinha feito um cálculo
para manter a angulação dos mapas
e a partir do encaixe feito poderia encontrar
em sp os pontos correspondentes
aos lugares afetivos do rio

ele poderia percorrer a nova cidade
como um palimpsesto
mantendo em eco a resposta da outra cidade

                        [*isto aqui é uma expedição*]

quando o rio aparece em eco pra mim
em pontos específicos de sp
lembro desse projeto do victor
e lembro do victor

numa das últimas conversas que tivemos
fizemos um trabalho juntos
não tinha o rio nem são paulo
mas as galáxias e a calota polar

meu poema se chamava "expedição nebulosa"
o trabalho dele era uma intervenção gráfica
sobre um mapa
da "calota polar"

[*ato 10*]

no dia 7 de março de 2019
quando eu terminava de escrever
este texto   completou 1 ano da morte do
victor heringer

nesse dia eu tentava ouvir o eco
das gruas em frente ao meu prédio
enquanto preparava uma omelete

ao quebrar o ovo
vi a data de validade carimbada na casca: 27/03

é a data do nascimento do victor
ele faria 31 anos
pensei

    quanto tempo dura o presente?

eu me perguntei pela última vez
e nós tivemos o seguinte diálogo

[*diálogo*]

eu disse
oi, você sumiu.
                                           e ele disse:

eu disse
como anda o tempo por aí?
                                           e ele disse:

e eu disse
eu continuo vendo
os mapas sobrepostos, e você?
                                           e ele disse:

e eu perguntei
você está me ouvindo?
                                           e ele:

e eu disse
que ele deixou buracos nos mapas
que não dá para ver as linhas com precisão

e eu disse
você sabe como se faz
para afundar as linhas do poema?

      e ele disse:
      as linhas.

e eu disse
como?

      e ele:
      então.

e eu
o quê?

      e ele:
      as linhas das
      montanhas do rio.

e eu disse
o que tem elas?

      e ele disse:
      são as linhas de um
      eletrocardiograma.

e eu disse
você escreveu isso num poema.

      e ele não respondeu mais.

HISTÓRIA NATURAL

frère jacques

quando criança
os pais disseram
que precisava ir às sessões

eles estavam afundando
a casa aos pedaços   a mãe chorando
pelos cantos   o pai mudo ou bravo
e os gritos atrás da porta

em todos os encontros
a senhora perguntava:
— quer conversar ou desenhar?

sempre queria desenhar
mas às vezes achava que era preciso
dizer *conversar* só para agradar

nos dias de conversa
ficava muda e a senhora
acabava dormindo sentada

na janela um macaco de madeira pendurado
testemunhava a aflição da criança
e o cochilo da senhora

quando conseguiu
dizer que não queria mais ir lá
fez um jacaré de argila pintado de verde
que tinha uma enorme boca
aberta
a doutora concluiu que a menina
tinha enfim conseguido
abrir a boca   como o jacaré
tinha conseguido falar

na saída ia com a mãe comer
croissants numa lojinha de rua
chamada *frère jacques*

a cura estava nos croissants de queijo
que comia depois da sessão

a mãe gostava de contar
a anedota de maria antonieta
"se eles não têm pão
que comam brioches"

talvez tivesse uma ponta de ironia
na fala da mãe
mas não lembra de comer brioches
só croissants

quando estava perdida, io encontrou uma aranha

[*do livro I das metamorfoses*]

me transformo
em 23 versos para
poder seguir seu fio
de aranha e contar desse
ruído que não cessa — não estão
ouvindo? dizem que eu andava perto
do rio tentando fugir dele mas estava distraída
jogando pedrinhas   e de repente um breu em pleno
dia   dizem que naquela tarde houve uma névoa   névoa
muito densa   quando olhei para cima você chegou
oscilando em seu fio de aracnídeo e me falou:
"— tem um pingo de malva"
mas a única cor era
visibilidade despedaçada   podiam falar o que quisessem
de mim   mas não virei inseto   foi ali que perdi a voz
de vez   depois da névoa vi meu reflexo no rio:
agora tenho quatro patas e à minha cola
um monstro de cem olhos vigilantes
se você percorrer esses versos
até o fim poderá ouvir
o piscar de todos
eles ao mesmo
tempo

escreve um poema pros adultos
(*ópera das girafas*)

escreve um poema pros adultos
me disse um dia a rosa aos 2 anos
e nós colocamos para tocar
a *ópera das girafas*:

como as girafas são caladas
a música fica aprisionada dentro
da cabeça   dentro da cabeça das girafas
a música girando e do lado de fora
silêncio

você me diz *quebrar o silêncio*
é uma catacrese
eu respondo *quebrar o silêncio* é produzir um som
que possa quebrar alguma coisa
quebrar   quebrar
quebrar   às vezes tudo está quebrado
do lado de dentro
as coisas quebradas na vida das pessoas
do lado de fora

quebrar aqui é falar
e quebrar o que ainda resta

as girafas são caladas
as palavras ficam aprisionadas dentro da cabeça
as palavras não dizem a verdade
aliás   as paredes não dizem a verdade

agora a história acabou
eu digo a ela ao chegar à última página
e ela: *não   ainda tem outra escondida*
aí dentro

still life

no fundo do quintal
cada criança precisava escolher
uma lagarta

elas eram pretas e moles com riscos amarelos
e numa das extremidades
a cabeça redonda e vermelha

para fazer parte do grupo
era preciso imitar as crianças maiores
e obedecer
cada uma deveria
pegar uma lagarta
com as mãos e puxar as extremidades
até arrebentar a lagarta

a prova era esta:
arrebentar lagartas

você segurava a lagarta na mão
ela tinha o corpo mole
e ficava se mexendo
você segurava a lagarta e pensava:

1. ir rápido
se for rápido   pensava
se for rápido
acaba

2. é só fazer
e pronto
um puxão com cada mão
e pronto
agora

3. rápido
pensava
segurar a lagarta e

você ficava passando mal
olhando a lagarta mole e aveludada
o bicho colorido andando
na palma da mão

as lagartas muito coloridas viram mariposas
chamativas   as lagartas muito coloridas
são indigestas para os pássaros

nave-mãe

(bloco de notas filmado em 2018, à maneira de Agnès Varda)

[*começo 1*]

quantos meses?   sua barriga está enorme
quantos meses?   nem parece que está grávida
quantos meses?   sua barriga está baixa
                  vai nascer antes da hora

louca   ainda não comprou um carrinho?
você teve desejo de comer alguma coisa estranha tipo terra?

[*começo 2*]

parto normal?   está louca
parto normal?   ninguém dava nada por você
parto normal?   você não precisa disso

vai ser parto natural ou com anestesia?

vou estourar a bolsa
precisamos otimizar o parto

[*começo 3*]

quantos quilos você engordou?

você precisa de ajuda
você não pode ficar sozinha
tem que ir pra academia
vou te dar um *remédio ótimo   espécie de combo*:
serve para depressão
mas é bom mesmo pro leite descer

[*começo 4*]

você faz livre demanda?
por que não dá mamadeira?
já se rendeu à chupeta?
o mamá é de 3 em 3 horas

[*começo 5*]

não vai agasalhar o bebê?
cadê a meia?
ela é suarenta?

bebê pequeno não pode usar luva
não pode dormir de bruços
não pode cobertor
não pode dormir sem arrotar
não pode pôr sentado
se chorar muito
pegue um secador de cabelo
ruído branco acalma

[*começo 6. ainda?*]

você ainda acorda de madrugada?
ela ainda dorme no seu quarto?
ela ainda não dorme a noite toda?
ela ainda dorme no colo?
ela ainda está mamando?

[*começo 7. mala educación*]

pelo visto já está fazendo manha
não pode ser mole com bebê
tem que educar desde cedo
tem que deixar chorando

[*começo 8*]

— e aí, meninão?
— é menina
— mas está de cinza

**

— e aí, meninão?
— é menina
— ah é, está de rosa

[*em loop*]

ela é boazinha?

ocean 1212W

num apartamento vazio
mas não *de todo*
sem móveis sem objetos
mas com tinta   lápis coloridos
1 colchão
cobertores   toalhas
2 malas com roupa
e livros pelo chão

não de todo vazio
porque agora o medo
do frio da umidade e das coisas que se espalham
de modo invisível

também ocupado por imagens de outros anos
memórias se sobrepõem
e formam   fina camada
por cima do real

um apto com uma janela de vidro
dando para um pinheiro
às 5h da manhã
              a lua ilumina o chão
às 3h da tarde o sol a pino
às 5h da manhã ela
acorda e diz
não quero mais dormir

*

memórias que você sobrepõe
às coisas
um jacaré de argila
um barquinho de madeira
dentro de uma garrafa de vidro
com uma inscrição
na lateral
ocean 1212W

os barulhos são os mesmos
cigarras
motos subindo a ladeira
caminhões fazem tremer o chão
será o bonde?
o bonde mudou
o barulho do bonde mudou
não ouço mais nada

*

preciso de uma tradução para a palavra
hell
inferno
inverno interno hiberno
precisa rimar?
o reflexo do céu
no mar
um *réu* confesso na terra

dos mortos
submundo   averno
hades
faço tudo parecer realidade
ele diz
e agora:
o piano no andar de baixo
às vezes uma flauta
vozerio de criança
um bebê recém-nascido
vi a mãe saindo com a barriga no joelho
e agora o choro de manhã
o choro à tarde
o choro à noite

no chão perto da porta
deixaram uns livros
lixo
disse o proprietário quando entramos

achei um guia da américa latina
em hebraico
vejo as fotos os mapas
e entendo uma única palavra:
oiapoke

o guia virou um caderno
de onde tiramos as folhas
para pintar
ela senta no chão sem dizer nada

pergunto se quer o verde ou o azul
não
ela abre o pote de tinta vermelha
e começa a pintar
em cima do azul dos mapas

— mamãe, o que você foi fazer na cozinha?
— preparar um mate
— você falou uma coisa engraçada
— o quê?
— *marte*

estar em marte com ela
às 5h da manhã
a lua no chão
e o vermelho sobre o mar

o mar vermelho se espalha pelo apartamento
estamos no meio
imersas num oceano
a cigarra já começou
os cachorros latindo
alguém abre a janela

não entendi direito
é difícil entender mas vai acontecer
depois não estaremos mais aqui
e não lembrarei disso
seremos levadas

dias contados

"o tempo que temos
se estamos atentos
será sempre exato"

foi o que ele disse
a ela numa carta
e ela repetiu
em voz alta e foi assim
que ouvi
as palavras dele
na voz dela

ela falava das cartas
que eles tinham trocado
e contou que esta frase
que estava numa carta dele pra ela
tinha virado
um lugar-comum
nas citações da obra
dele

então tentei pegar
a frase e ouvir
de novo

      e tentei pegar a
frase e ouvir cada
palavra de uma vez
e tentei também
ouvir a voz dela e ouvir
a voz dele as vozes
sobrepostas
dizendo:

"o tempo que temos — se estamos atentos —
será sempre exato"

talvez seja uma frase
de um homem
com os dias contados
de alguém com o timer
ligado
vou ajustar o cronômetro
você me diz
você que escreve coisas tão tristes
vou ajustar o timer
por quanto tempo você aguentaria
ficar debaixo d'água?
se estivermos atentos
não era bem isso
que você queria dizer?
parece que as linhas
que ainda faltam aqui
serão exatas
mas como fazer para saber?

parece que hoje...
de agora em diante...
será mesmo que o tempo
poderia ser
medido?
o tempo que tenho
começo a medir
você me diz
e pergunta
como eu faria
se

nesse dia
ela falou
duas coisas que me marcaram
a segunda
sobre o tempo que ele não teve
e a primeira
sobre o timing das coisas
sobre ir desdobrando
a experiência
até chegar
ao fim

perder o chão

você tem dedos
você é uma máquina
o polegar não deve se ouvir
indicador médio anular dedo mínimo ou
auricular

as teclas vão num ritmo que varia
soltar os dedos   os punhos engessados
procurar aquela palavra que estava
colada na mão   não encontra
onde ela caiu? caminhar num lugar
sem chão
perder o chão

era um ponto vermelho
minúsculo escondido
um *cisco*

"Trinta dias sem ver você"
"Em silêncio sem saber nem ouvir nada"

escrevi as duas frases
a lápis num caderno
estava no meio de um sonho
depois li e chorei pensando que
ela tinha acabado

saturno não tem superfície
não tem chão   é um planeta feito
de gás com um pequeno núcleo de
rocha e metais

não ter onde pisar é estarrecedor

arquivos cardiográficos

1.

o coração é o primeiro significante
ritmado   diz françoise dolto

o perigo ao nascer é o silêncio:
se o bebê não ouve o coração da mãe
ele pode apagar

sem o som *ritmado*   diz ela
o corpo desliga
acaba

só conservamos a noção
de existir graças a variações sensoriais
imperceptíveis: auditivas   visuais
olfativas   cutâneas
e barestésicas

quero contar o caso de sibila
menininha de 5 anos que não fala
em seus desenhos sibila só faz
buracos

2.

a analista conta que dormia nas sessões
com alguns pacientes   *ela virava pedra*

um dia decide perguntar a eles
por que sentia tanto sono em sua
companhia   achava estranho pois
quando dormia ela notava melhora significativa
neles

entendeu que ao dormir
ela virava objeto
e permitia aos pacientes
que fossem sujeitos   e agissem livremente

entendeu que   ao dormir
ela podia ter acesso ao inconsciente deles

3.

as coisas que ela mais deseja
diz sussurrando ao ouvido
pede que eu me abaixe
e com a mão
em concha:
              "mamãe, eu queria…"

como no filme
a personagem sobe no alto da montanha
e conta o segredo para
um buraco na pedra
aquilo que não consegue dizer
a ninguém

a mão cobre a fala
ela sussurra
e as palavras entram na pedra

4.

mas e o coração?
alguém me pergunta
você consegue ouvir daqui?

fecho os olhos
tento reconhecer
onde está o ritmo do começo?
não consigo lembrar
e não ouço nada
só imagino no escuro
o som piscando na tela

agora a mãe deitada na cama
olhando para o vazio

eu queria um som que pudesse
ser o *último significante* dela
sussurro ao ouvido
"estou aqui"
ela me diz
"planta"
"que planta, mãe?"
"a planta que está me mantendo" ela diz
e eu penso nas raízes

no dia seguinte
ela já não abre os olhos
então pergunto
bem baixinho
tudo bem?
ela responde
"você está me despedindo?"
eu fico em silêncio por um tempo e
depois digo
"pode ir"

ENTÃO DESCEMOS PARA O CENTRO DA TERRA

escrevi este poema
ao longo de 98 dias
num caderno:
eu queria que ele fosse uma linha passando
pelos dias
uma linha que eu pudesse ir puxando esticando
e no processo incorporando
o que estivesse pelo caminho
uma linha no papel que pudesse

fazer alguma coisa fora do papel

eu não sabia que coisa era essa
mas lembrei de um comando que li
num livro de história natural:

"eu observo e descrevo"

é claro que não tinha a intenção dos naturalistas
(ao descrever espécies) nem a dos
cosmólogos (ao descrever o universo) —
de fazer uma *descrição do mundo*
então adapto o comando para
"eu observo e anoto":
memórias   leituras   coisas que estão pelo caminho

como passar de A a B

diz uma monotipia da mira schendel
que também vai me servir de guia
— mesmo que eu não saiba *como fazer*
pois às vezes a linha se interrompe
e não dá para retomar o fio:
durante o processo alguma coisa pode acontecer
e em vez de ir do ponto A ao ponto B
acabamos chegando no ponto C

[1. *o mapa como tela*]

a primeira anotação que faço
é de uma etimologia que encontrei
para a palavra "mapa"
do latim *mappa* guardanapo
para saraiva   deriva do siríaco *ma pal*:

aquilo que faz sair   que chama para fora

o mapa dá a impressão de uma espécie de
toalha   lençol   tela
assim pego o caderno
e escrevo

dia 1

neste dia 1
estou bem no centro da palavra *mapa*

espécie de superfície que *faz sair*   *que leva para fora*
devo então sair de casa
ir para a rua
e marcar um ponto de partida espacial
como num mapa

chegando à rua
vejo uma árvore
ela está ali há muito tempo
mas eu nunca tinha reparado
que a raiz está saindo pra fora:
a calçada rachada e as pedras
deslocadas

em que momento começou a rachadura?

um corpo enorme de raiz
foi empurrando o cimento pouco a pouco
até sair à luz
há quanto tempo essa árvore está aqui?
vou caminhando pela rua observando as árvores
e já na esquina deparo com outra
que também tem a raiz subindo pela calçada
logo adiante
mais uma
nesse momento decido
fotografar as árvores da rua
que estão com suas raízes para fora
vou fazer um *mapa de raízes*
seguindo uma linha que vai até o final da rua tutoia

[2. *então descemos para o centro da terra*]

emanuele coccia diz que as raízes das árvores
crescem para
baixo
e levam o sol para dentro da terra:
o sol penetra até a moela do planeta
influenciando suas camadas mais profundas

então descemos para o centro da terra

ela me disse um dia
entrando no buraco do
metrô
enquanto sentíamos o chão estremecer
sempre lembro desse dia   do movimento de descida
do olhar dela e da frase distraída
feita só para pontuar o
movimento

assim como o sol
preso nas raízes das árvores
penetrando até a moela do planeta
nós também podemos afundar

[3. *elegia*]

emmanuel hocquard define a elegia
como um *gênero poético*

que expressa tristeza e melancolia
"elegia" vem de *elegos*: canto de luto
ele diferencia a *elegia clássica*
da *elegia inversa*: na clássica
o sujeito nostálgico *escava* o passado
em busca de elementos para poder choramingar
o elegíaco inverso invoca a memória
para trazer algum elemento para o presente
ele recolhe fragmentos
tentando *refazer* o passado

ele interfere no que encontra projetando pra frente (futuro)

ele também escava as memórias
mas quer encontrar pedaços de falas   de palavras
de enunciados
para escrever um canto de luto
ele parte do passado e começa a tomar notas
— até que de repente encontra alguma coisa
que pode ser decisiva
seria possível   escavando as raízes
transformar o passado?

segundo ele   a elegia é um gênero poético
e não uma *forma*
e podemos usar a forma que quisermos ao fazer uma elegia
por exemplo   uma *lista*:

georges perec escreveu um livro chamado
je me souviens / eu me lembro
em que lista memórias:

       eu me lembro...

       eu me lembro...

       eu me lembro...

ao lembrar de alguma coisa
seria possível colar num mapa
dois dias diferentes?

[4. *eu me lembro*]

eu me lembro
primeiro
das coisas azuis

o céu chega até a altura dos olhos
o mar até a altura do peito
as coisas aquosas   vítreas   se confundem
lembro de uma sala sem porta nem janela
lembro dela falando comigo
andando ao meu lado   a voz dela
e frases precisas que insistem em voltar

então descemos para o centro da terra

eu me lembro da primeira vez que vi um raio
ele caiu no meio das árvores
era ela que estava comigo?
enquanto corria
vi o raio caindo no tronco de uma árvore
lembro do flash   a cena muda
o flash uma agulha pulando
o chão estremece

[5. *projeto de casa*]

estou de volta
ao centro da palavra *mapa*
o mapa é um lençol
superfície que contém um mundo:
em 1975 letícia parente
fez um mapa que chamou
de *projeto de casa*
seu mapa reúne três cidades

as linhas de salvador   de fortaleza   e do rio de janeiro

as linhas de cada cidade se encostam
espaços diferentes se colam para
formar um mapa afetivo
cidades se tocam
cidades se colam

os dias passam
posso escolher o que quero incluir
num mapa
ou o que vou incluir
na superfície da tela
gostaria de fazer um mapa como o da letícia parente

um mapa feito com espaços da memória afetiva

juntando santa teresa no rio de janeiro
com o bairro paraíso em são paulo
com florianópolis
mas em vez disso
acabo fazendo um mapa das
árvores da minha rua com a raiz aparente

um dia a raiz sobe e se torna presente

uma frase que ouvi sempre se repete
na cabeça
e sou levada com ela pelo movimento
para baixo:

então descemos para o centro da terra
é uma espécie de *katábasis*, do gr. movimento de descida
a *katábasis* costuma estar ligada
a uma descida ao mundo dos mortos

é quando alguém vivo (como orfeu)
desce ao submundo   ao hades

para resolver alguma coisa
mas a *katábasis* pode ser
coletiva também

de todo modo
para se completar a *katábasis* precisa sempre
de um movimento de retorno
de *subida*
que é o movimento de *anábasis*

[6. *aprendendo a ler*]

eu me lembro
de ver o letreiro de um filme
quando estava aprendendo a ler
lembro de achar difícil entender
o que estava escrito
e lembro de pedir ajuda
à minha mãe

        "bye bye brazil"

[7. *a mimosa pudica*]

stefano mancuso conta de dois experimentos
feitos com a planta *mimosa pudica*   a dormideira
o objetivo era descobrir se ela
tinha algum tipo de *memória*

no primeiro experimento   do século xix
colocaram a planta numa carruagem
para andar pelas ruas de paris   a mimosa costuma
se fechar quando recebe algum tipo de estímulo
então   no começo do passeio de carruagem
ela se fechava   reagindo ao movimento
mas logo depois já não se fechava mais
pois tinha se acostumado ao estímulo e entendido
que ele não era mais perigoso

com isso estava comprovado
um tipo de memória das plantas

nos anos 2000
retomaram essa experiência
a partir de onde tinham parado
e decidiram alterar o tipo de estímulo
ou seja
primeiro repetiram o passeio de carro
até a mimosa reconhecer os estímulos e parar de reagir

depois trocaram de estímulo
para ver se ela voltaria a se fechar
e ela voltou a se fechar
identificando que o segundo estímulo
era diferente do primeiro
o passo seguinte foi voltar para o primeiro estímulo
para confirmar se a planta se "lembrava" dele

e ficou confirmado que a *mimosa pudica*
tinha guardado na memória o primeiro
estímulo   ficou confirmada a existência
de um tipo de memória das plantas

[8. *vuelvo al sur*]

no meio deste percurso
[*de A passamos a B*]
fiz uma fala na universidade federal da fronteira sul
que fica na cidade de chapecó   oeste de santa catarina
talvez esse desvio
me leve para longe
para um ponto C?
mas decido seguir adiante

na véspera da viagem
o professor valdir prigol
que tinha me convidado para a fala
escreveu para avisar de uma mudança de última hora

naquele momento
havia um processo de eleição para reitor
na universidade e da lista tríplice indicada
pela instituição   o presidente da república havia
escolhido o terceiro lugar
apoiador dele na cidade

numa universidade como esta
em que 90% das vagas são de cotas para alunos
do ensino público   seria impossível se manter
sob uma gestão de cortes
então os estudantes ficaram revoltados
com a escolha do novo reitor

e ocuparam a reitoria da universidade

foi em setembro de 2019
o evento no qual eu ia falar
fora transferido para a *ocupação* e por isso
o professor me escreveu dizendo para eu ficar à vontade
se não quisesse mais ir

quase não fui
pois achei que seria preciso
um tipo de fala mais combativa para a ocasião
mas logo entendi que eu queria simplesmente
ir e estar na ocupação

estar no centro da palavra ocupação

menos para falar
e mais para ouvir o que ela poderia dizer
ouvir os estudantes
ouvir as frases

[9. *uma figueira*]

o voo tinha escala em florianópolis
cidade da memória
onde mora minha avó e minhas tias

então descemos para o centro da terra

ela me disse um dia
e tudo estremece:
primeiro as coisas azuis
do avião   olho para baixo
o mar   o chão   as raízes
do chão   ergo os olhos

na pista do aeroporto de florianópolis
lembrei de uma árvore
a figueira que fica no centro da cidade
na praça xv de novembro
é uma árvore centenária que um dia
no meio do século xx
foi transportada para lá
ela também tem as raízes aparentes
e usa imensas muletas para se
manter de pé

continuei no avião esperando a escala
e imaginei chapecó tão azul ou mais —
o tempo aberto no oeste e o clima seco
com certeza estaria ainda mais azul

nesta escala em florianópolis lembrei
que perto da minha casa em são paulo
na rua tutoia
também existe uma figueira

talvez seja centenária como a de florianópolis
ela tem as raízes saindo do canteiro
e ocupando a calçada

será que um dia em meados do século xx
ela foi transferida para a rua tutoia
ou sempre esteve ali?

[10. *iceberg*]

emanuele coccia diz que as raízes
podem ter 30 vezes o tamanho da árvore

as árvores são uma espécie de iceberg

o que fica à mostra
é só um pequeno pedaço

ouvi dizer que em são paulo
as raízes não encontram espaço debaixo da terra
pois em vez de terra e água
hoje em dia há fibras óticas passando
pelas vias subterrâneas
transmitindo dados   internet

mensagens de whatsapp
lives   e-mails   notícias

as raízes encontram resistência
para seguir adiante seu percurso
e começam a sair de dentro da terra
na direção do céu
anábasis

[11. *nuvem de poeira*]

quando enfim cheguei a chapecó
o céu estava cinzento
mas não era de chuva

estava seco

olhei para cima e vi o sol:
ele não estava coberto
mas filtrado por uma película uma tela

pergunto: vai chover?
[eles dizem]: não

está quente e tem uma nuvem de poeira
no ar
      será a poeira das coisas quebradas
      todos os dias na vida das pessoas?

parece uma nuvem de areia   *seria uma
nebulosa?*   não entendo o que está acontecendo
então me pergunto se poderia
ser a ocupação   estar no centro da palavra *ocupação*
poderia trazer uma nuvem cinzenta?

quando chego à ocupação à noite
a atmosfera é diferente: outro ambiente

tudo límpido   transparente

no dia seguinte
li nos jornais que em cima de chapecó
havia uma nuvem de fumaça
vinda das queimadas no mato grosso

pensei num mapa que juntasse dois dias
dois espaços   duas nuvens
um túnel de fumaça
19 de agosto em são paulo em que o céu
                escureceu às 3h da tarde
10 de setembro em chapecó

seria possível dobrar o tempo
colando esses dois dias?

[12. *a figueira da tutoia*]

de volta à minha linha pela rua tutoia
chego até a figueira

ela quase não cabe no canteiro
as raízes saem pra fora
mesmo assim a ponta do iceberg é imensa
é difícil imaginar
o que existe debaixo da terra

    "tutoia" em tupi significa lençol de areia

e eu fico imaginando uma espécie de fluxo de areia
passando por essa rua
mas "tutoia" também tem outro sentido

durante a ditadura militar
esse era o termo usado eufemisticamente
para designar o *doi-codi*
destacamento de operações de informação —
centro de operações de defesa interna
órgão submetido ao exército
onde presos políticos foram covardemente
torturados e assassinados
a sede do doi-codi funcionava bem ali na rua tutoia
neste ponto exato: no prédio que fica em frente
à figueira   junto com
uma delegacia de polícia

ao ver a árvore
penso primeiro nos fantasmas que rondam esse prédio
depois penso na pesquisa das
mimosas sobre a memória das plantas

e fico imaginando debaixo da terra
o eco das memórias de cada uma
das raízes

o que será que existe no lençol de areia da rua tutoia?

[13. *sismos*]

num capítulo de *a vida das plantas*
emanuele coccia diz:

"mal conseguimos imaginar o ambiente das raízes.

a luz quase não chega aqui. os sons e o barulho do mundo superior são um tremor surdo e contínuo. quase tudo que se passa no alto, aliás, existe e se traduz debaixo da terra em sismos e estremecimentos".

em sismos e estremecimentos

[14. *o som das raízes*]

meu percurso termina
no dia em que conheci o trabalho
operação tutoia
de fernando piola

em 2007
piola propôs à delegacia que fica na rua tutoia
de fazer um "trabalho paisagístico" no jardim deles
seria um trabalho que duraria um período de vários meses
pois era preciso tratar o jardim   plantar   e esperar
as plantas crescerem

ele removeu parte das plantas do jardim da dp
e plantou em seu lugar sementes de espécies
com a folhagem vermelha
conforme as plantas foram crescendo e saindo da terra
sua folhagem foi aparecendo:
e o contorno do prédio onde antigamente funcionava
o doi-codi foi ficando todo vermelho
o prédio parecia mergulhado no sangue que tinha sido
derramado ali
piola faz o vermelho passar pela raiz

e depois crescer para o alto até sair à luz do dia

esse trabalho é uma espécie de *elegia inversa*
pois ele arranca sentido das memórias
que passam a fazer parte do presente
e do que vemos

a memória entra pelos olhos e vemos

nele a elegia inversa não é apenas
um gênero poético
mas *político*

quando li sobre esse trabalho
decidi ir outra vez até a figueira da rua tutoia
eu queria ver a folhagem vermelha do trabalho de piola

e pensar nos fantasmas da figueira em meio ao vermelho

cheguei lá e fiquei olhando para baixo
examinando as raízes da árvore
depois me abaixei   colei o ouvido no chão
e consegui ouvir um ruído constante
um barulho surdo e contínuo

                seria o ruído do tempo?

as raízes lentamente se deslocando
e quebrando o asfalto?
as fibras óticas carregando imagens   nomes
de desaparecidos   áudios   arquivos

fibras de vidro transportando linguagem

durante um tempo
fiquei com o ouvido colado no chão
prestando atenção
até que vi um amigo meu
o músico gabriel xavier
vindo na minha direção

não sei por que ele estava passando ali
bem naquela hora

dei um breve aceno para ele
mas continuei como estava
ouvindo aquele barulho surdo

nesse momento
o gabriel se aproximou
se abaixou ao meu lado com um microfone
que ele colou no chão e usou para gravar o som
nós ficamos ali parados escutando

até que sentimos o chão estremecer

nesse momento ouvi
uma voz sussurrando uma frase
uma única frase ritmada
e fechei os olhos para ter certeza

P.S.

estava terminando este livro
quando minha mãe se foi

qual o ritmo
do fim? era o que eu queria
perguntar a ela agora
mas só ouço
— fim
— fim
— fim

trago seu nome
dentro do meu

você vai
eu fico

lia cabe em
marília

seus gestos
não terminam
são memória
ritmada

a memória entra
pelos olhos
e pisca

este livro é uma
elegia
que afunda
com você

pode ir
o fim aqui é um
sim

lia garcia (1952-2021)

"Escreve um poema pros adultos (*ópera das girafas*)" inicialmente um poema sonoro para o projeto Los sonidos de la pandemia, do site Caja de resonancia: <https://cajaderesonancia.com/index.php?mod=sonidos-pandemia&view=detalle&id=631>.

"Então descemos para o centro da terra" teve várias apresentações ao vivo. Em todas elas, eu tocava, no final do poema, no momento em que estou diante da "figueira da rua tutoia", a peça sonora do Gabriel Xavier, áudio registrado por ele naquela tarde. Ela pode ser ouvida aqui: <on.soundcloud.com/REqPD>.

ESTA OBRA FOI COMPOSTA POR ACOMTE
EM MERIDIEN E IMPRESSA PELA GRÁFICA PAYM
EM OFSETE SOBRE PAPEL PÓLEN BOLD DA SUZANO S.A.
PARA A EDITORA SCHWARCZ EM ABRIL DE 2023

A marca FSC® é a garantia de que a madeira utilizada na fabricação do papel deste livro provém de florestas que foram gerenciadas de maneira ambientalmente correta, socialmente justa e economicamente viável, além de outras fontes de origem controlada.